Oxford

First Bilingual Dictionary

Afrikaans + English

OXFORD
UNIVERSITY PRESS
SOUTHERN AFRICA

Oxford University Press is a department of the University of Oxford.
It furthers the University's objective of excellence in research, scholarship,
and education by publishing worldwide. Oxford is a registered trade mark of
Oxford University Press in the UK and certain other countries

Published in South Africa by
Oxford University Press Southern Africa (Pty) Limited

Vasco Boulevard, Goodwood, N1 City, P O Box 12119, Cape Town,
South Africa

First published 2007

Oxford First Bilingual Dictionary: Afrikaans + English

ISBN 978 0 19 576802 2

Fourteenth impression 2016

Typeset in OUP Futura 14pt on 16.8pt

Acknowledgements
Publisher: Megan Hall
Materials developer: Daphne Paizee
Adapter: Annette de Villiers
Project manager and English editor: Lorna Hiles
Afrikaans editor: Isabel Redelinghuijs
Proofreader: Wilna Liebenberg
Reviewer: Susan Swart (Gauteng Education Department)
Designer and cover designer: Oswald Kurten
Illustrator: Jiggs Snaddon-Wood
Typesetter: Richards DTP Studios
Printed and bound by ABC Press, Cape Town
125018

The authors and publisher gratefully acknowledge permission to reproduce copyright material in this book. Every effort has been made to trace copyright holders, but if any copyright infringements have been made, the publisher would be grateful for information that would enable any omissions or errors to be corrected in subsequent impressions.

Inhoud Contents

Hoe om hierdie woordeboek te gebruik

Hierdie woordeboek is saamgestel met die doel om kinders te help om in hulle vroeë jare Engels of Afrikaans as addisionele taal aan te leer.

Omdat die kurrikulum van kinders verwag om meer as net lyste woorde in hulle addisionele taal aan te leer, is die fokus van hierdie woordeboek hoe om die taal wat hulle aanleer te *gebruik*, sodat hulle op 'n aktiewe manier geletterdheid in hulle addisionele taal kan aanleer.

En aangesien dit kinders se eerste kennismaking met 'n woordeboek kan wees, is die woordeboek besonder prettig en maklik om te gebruik!

Hulp aan die onderwyser of ouer

Hierdie woordeboek gee leiding oor hoe om dit ten beste saam met jou kinders tuis of in die klaskamer te benut. Daar is stories wat hardop gelees kan word, aantekeninge vir onderwysers of ouers (insluitend verwysings na die kurrikulum), antwoorde en 'n indeks.

Lees die **storie** hardop (kyk bl. 52) aan die kinders voor terwyl hulle na die prentjiebladsye kyk. Die storie sal hulle voorstel aan die karakters wat dwarsdeur die woordeboek voorkom, en konteks gee aan die taalkennis wat hulle opdoen. Elke prentjiebladsy vertel 'n deel van die storie.

Kyk na die **prentjiebladsye** (kyk bl. 6). Dit fokus op bekende onderwerpe vir leerders, en stel nuwe sleutelwoorde bekend. Dit wys ook hoe leerders party van hierdie woorde in sinne kan gebruik. Kinders kan hierdie sinne gebruik om self te praat en skryf. Die lyste woorde is in alfabetiese volgorde gerangskik, met werkwoorde in 'n blokkie aan die einde.

Elke bladsy het ook 'n raaiselvraag, wat leerders saam kan uitwerk.

Die **naslaanbladsye** (kyk bl. 38) help leerders om geletterd te raak in ander vakke soos Gesyferdheid, Lewensvaardighede of Tegnologie. Dit illustreer duidelik hoe om hierdie nuwe woorde te gebruik, byvoorbeeld hoe om te sê hoe laat dit is, en wat teenoorgesteldes is.

Blaai nou na die afdeling waarin die **aktiwiteite** voorkom (kyk bl. 48). 'n Hele rits aktiwiteite in Engels en Afrikaans help leerders om goeie woordeboekvaardighede wat deur die kurrikulum vereis word, aan te leer.

Aantekeninge oor aktiwiteite (kyk bl. 57) sal jou help om die kinders leiding te gee met hierdie aktiwiteite, en dit spaar tyd omdat dit die antwoorde vir jou gee.

Laastens is daar twee **indekse** aan die einde van die boek: een in Afrikaans en een in Engels. Alle woorde wat in die woordeboek voorkom, word in al twee tale gelys. Jy kan die indekse gebruik om jou te help om 'n woord gou op te spoor, en ook om die leerders te wys hoe om dit op hul eie te gebruik.

Bevat volsinne, sodat leerders dit as model kan gebruik om hulle eie sinne te maak

Gebruik prentjies om sleutelwoorde aan leerders bekend te stel, sodat hulle dit beter kan verstaan

Sluit prettige raaiselvrae in, sodat leerders by die prentjie betrokke kan raak

Sluit werkwoorde in, wat nodig is om behoorlike sinne mee te maak

How to use this dictionary

This dictionary has been designed to help children in their first few years of learning English or Afrikaans as an additional language.

Because the curriculum expects learners to do more than learn lists of words in their additional languages, this dictionary focuses on helping them *use* the language they're learning and become actively literate in their additional language.

And because this may be children's first experience of using a dictionary, the dictionary is particularly fun and easy to use!

Help for the teacher or parent

This dictionary provides you with guidance on how to get the most out of it with your children at home or in class. There is a read-aloud story, notes for teachers or parents (including curriculum links), answers and an index.

Read the **story** aloud (see p. 54) to the children while they look at the picture pages. The story will introduce the learners to the characters that appear throughout the dictionary and give them a context for their language learning. There is a part of the story for each picture page.

Look at the **picture pages** (see p. 6). They focus on topics that are familiar to learners, and introduce key words. They also show learners how to use some of these words in sentences. Children can use these sentences as models for their own speaking and writing. The word lists are arranged in alphabetical order with verbs in a block at the end.

Each page also has a puzzle question, which learners can work out together.

The **reference pages** (see p. 38) help learners develop literacy in their other subjects, such as Numeracy, Life Skills or Technology. With clear illustrations, they show how these new words are used, for example, in telling the time and understanding opposites.

Now turn to the **activity** section (see p. 50). A range of activities in English and Afrikaans help learners develop good dictionary skills, as required by the curriculum.

Notes on the activities (see p. 59) will help you guide the children in doing these activities, and save you time by giving you the answers.

Finally, there are two **indexes** at the back of the book: one in Afrikaans and one in English. They list all the words in both languages that appear in the dictionary. You can use the indexes to help you find a word quickly, and you can help learners to use them on their own.

Provides full sentences for learners to use as a model for their own writing

Introduces key words with a picture to help learners understand

Includes fun puzzle questions to get learners to engage with the picture

Includes verbs, which are essential for building real sentences

Familie en maats / Family and friends

aunt
tannie

book
boek

box
boks

brother
broer

cap
pet

car
kar

cat
kat

cellphone
selfoon

dog
hond

family
familie

father
pa

friend
maat

grandfather
oupa

house
huis

mother
ma

neighbour
buurkind

roof
dak

sister
suster

street
straat

truck
trok

wall
muur

wheelchair
rolstoel

see
sien

Ons huis van binne / Inside our house

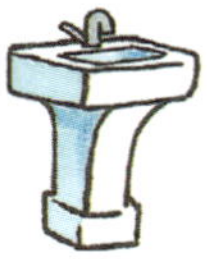
basin
wasbak

bath
bad

bathroom
badkamer

bed
bed

bedroom
slaapkamer

bin
asblik

chair
stoel

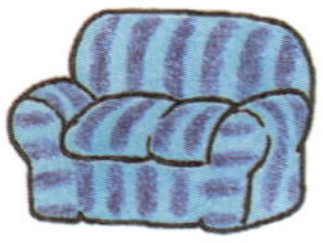
couch
bank

cupboard
kas

door
deur

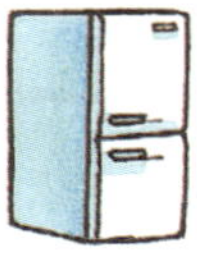
fridge
yskas

kitchen
kombuis

?

Can you find all of Niki's books?
Sien jy al Niki se boeke raak?

lounge
sitkamer

mat
mat

pot
pot

shower
stort

stove
stoof

table
tafel

television
televisie

toilet
toilet

window
venster

cook
maak kos

eat
eet

sleep
slaap

watch
kyk

Kyk hoe speel ons! / Look at us play!

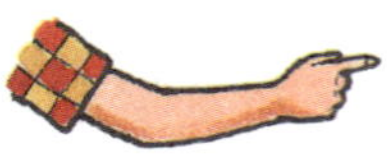
arm
arm

back
rug

ball
bal

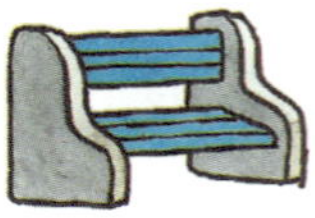
bench
bank

bottom
sitvlak

chest
borskas

ear
oor

eye
oog

face
gesig

foot
voet

hair
hare

hand
hand

How many people are reading the newspaper?
Hoeveel mense lees koerant?

head
kop

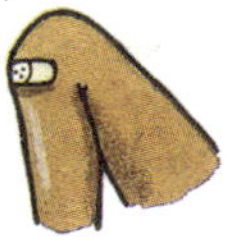
knee
knie

leg
been

mouth
mond

neck
nek

newspaper
koerant

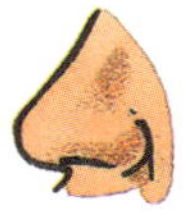
nose
neus

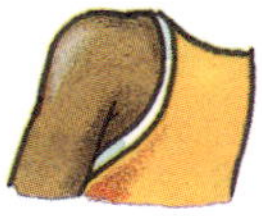
shoulder
skouer

tummy
maag

jump
spring

play
speel

ride
ry

skip
spring tou

Die maats slaap oor / A sleepover

clean
skoon

clothes
klere

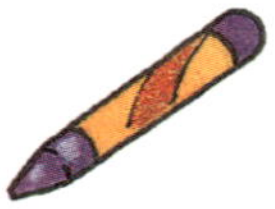
crayon
kryt

dirty
vuil

dress
rok

jacket
baadjie

jeans
jeans

jersey
trui

light
lig

pencil
potlood

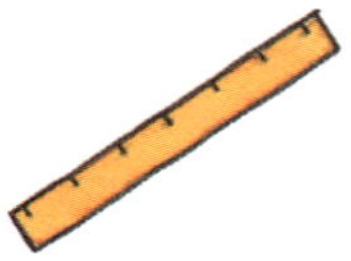
ruler
liniaal

sandal
sandaal

?

Where is Jabu's cap?
Waar is Jabu se pet?

scarf
serp

schoolbag
skooltas

shirt
hemp

shoe
skoen

shorts
kortbroek

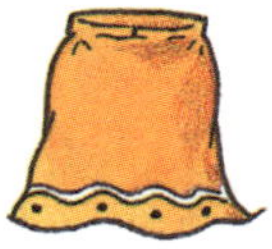
skirt
romp

sock
sokkie

tackie
tekkie

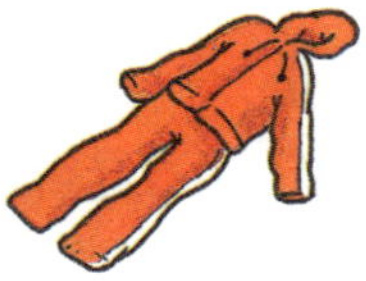
tracksuit
sweetpak

T-shirt
T-hemp

wear
dra

Ons woonbuurt / Where we live

ATM
OTM

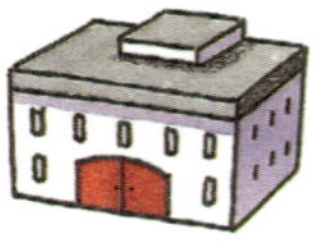
building
gebou

church
kerk

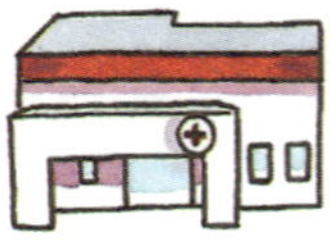
clinic
kliniek

doctor
dokter

flag
vlag

garage
garage

mosque
moskee

nurse
verpleegster

pedestrian crossing
voetoorgang

policeman
polisieman

?

Can you find the signs for the mosque, the church and the synagogue?
Sien jy die tekens vir die moskee, die kerk en die sinagoge raak?

police station
polisiestasie

policewoman
polisievrou

postbox
posbus

post office
poskantoor

school
skool

shop
winkel

shopping mall
winkelsentrum

sign
teken

supermarket
supermark

synagogue
sinagoge

traffic light
verkeerslig

go
gaan

walk
stap

Inkopies / Shopping

basket
mandjie

bread
brood

carrot
wortel

cashier
kassier

cheese
kaas

cooldrink
koeldrank

egg
eier

flour
meel

fruit
vrugte

margarine
margarien

meat
vleis

milk
melk

How much will they pay for the two cooldrinks?
Hoeveel sal hulle vir die twee koeldranke betaal?

potato
aartappel

price
prys

rice
rys

salt
sout

sugar
suiker

till
kasregister

tomato
tamatie

trolley
trollie

vegetables
groente

buy
koop

pay
betaal

'n Partytjie / A party

apple
appel

balloon
ballon

birthday
verjaardag

bowl
bak

braai
braai

cake
koek

calendar
almanak

candle
kers

card
kaartjie

garden
tuin

gift
geskenk

glass *glas*

happy *gelukkig*

ice-cream *roomys*

pizza *pizza*

plate *bord*

salad *slaai*

sandwich *toebroodjie*

sausage *wors*

sweets *lekkers*

swimming pool *swembad*

TV game *TV-speletjie*

?

What is the date today?
Wat is vandag se datum?

Kaarte en plekke / Maps and places

atlas
atlas

bridge
brug

dam
dam

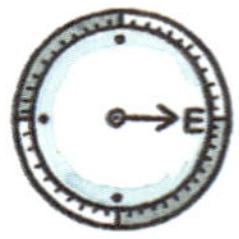

east
oos

farm
plaas

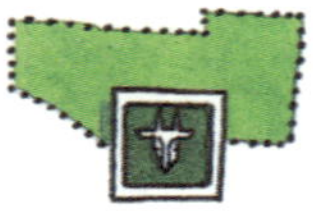

game park
wildtuin

key
sleutel

map
kaart

mountain
berg

north
noord

photograph
foto

Where are the mountains on this map?
Waar is die berge op hierdie kaart?

 railway line
spoorlyn

 river
rivier

 road
pad

 south
suid

 town
dorp

 village
dorpie

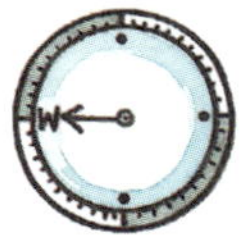 west
wes

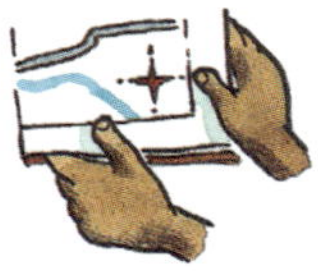 hold
hou vas

 live
woon

 look at
kyk na

 show
wys

Op die plaas / On the farm

ant
mier

beetle
kewer

bush
bos

butterfly
skoenlapper

caterpillar
ruspe

cow
koei

donkey
donkie

duck
eend

farmer
boer

flower
blom

fly
vlieg

goat
bok

grass
gras

horse
perd

mosquito
muskiet

pig
vark

plant
plant

sheep
skaap

spider
spinnekop

tadpole
paddavissie

tail
stert

tree
boom

wing
vlerk

worm
wurm

grow
groei

?

What has eight legs and can spin a web?
Wat het agt pote en weef spinnerakke?

'n Wildtuin / A game park

buck
bok

buffalo
buffel

crocodile
krokodil

eagle
arend

elephant
olifant

giraffe
kameelperd

hippopotamus
seekoei

hungry
honger

hyena
hiëna

jackal
jakkals

leopard
luiperd

lion
leeu

What is in the tree above the leopard?
Wat is in die boom bokant die luiperd?

monkey
apie

rhinoceros
renoster

snake
slang

thirsty
dors

video camera
videokamera

vulture
aasvoël

warthog
vlakvark

wildebeest
wildebees

zebra
sebra

drink
drink

run
hardloop

’n Piekniek / A picnic

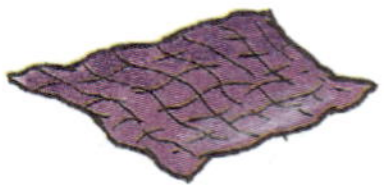
blanket
kombers

boat
boot

cloud
wolk

fish
vis

fisherman
visserman

food
kos

frog
padda

hot
warm

radio
radio

rain
reën

rock
rots

rubbish
rommel

sun
son

tent
tent

umbrella
sambreel

water
water

fish
vang vis

listen
luister

rain
reën

read
lees

swim
swem

?

What is Niki doing?
Wat doen Niki?

Vervoer / Transport

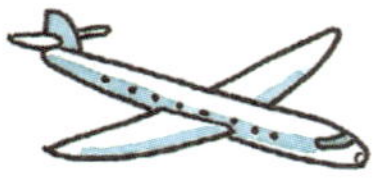
aeroplane
vliegtuig

ambulance
ambulans

bicycle
fiets

boat
boot

bus
bus

car
kar

fire engine
brandweerwa

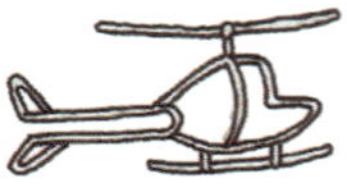
helicopter
helikopter

motorbike
motorfiets

pilot
loods

rocket
vuurpyl

station
stasie

taxi
taxi

train
trein

truck
trok

drive
bestuur

fly
vlieg

make
maak

race
jaag resies

ride
ry

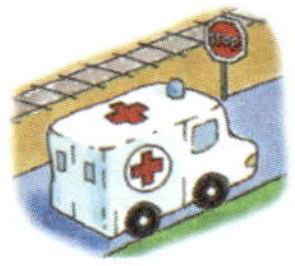
stop
hou stil

What has no wings but can fly?
Wat het nie vlerke nie, maar kan vlieg?

Sportdag / Sports Day

cool
koel

cup
beker

first
eerste

goal
doel

parents
ouers

prize
prys

proud
trots

race
resies

referee
skeidsregter

sack race
sakresies

sad
hartseer

second
tweede

third
derde

time
tyd

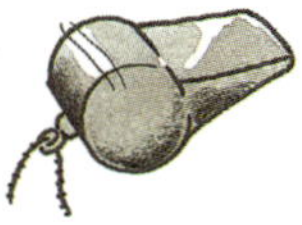
whistle
fluitjie

windy
winderig

exercise
oefen

laugh
lag

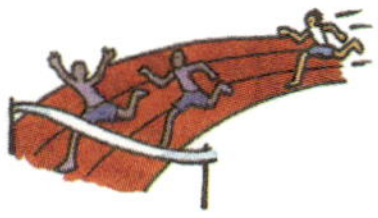
lose
verloor

watch
kyk

win
wen

?

Is Niki's mum second or third?
Het Niki se ma tweede of derde gekom?

Ons maak reg vir die opvoering / Getting ready for the play

costume
kostuum

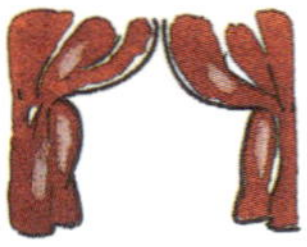
curtain
gordyn

electrician
elektrisiën

excited
opgewonde

fun
pret

make-up
grimering

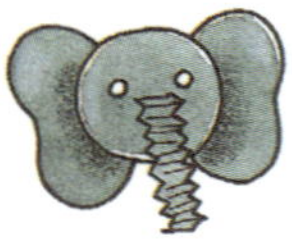
mask
masker

music
musiek

nervous
op my senuwees

painter
skilder

piano
klavier

play
opvoering

programme
program

song
liedjie

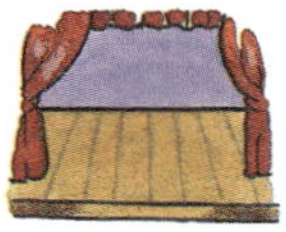
stage
verhoog

teacher
onderwyseres

ticket
kaartjie

act
speel toneel

enjoy
geniet

get ready
maak reg

help
help

?

Who is the zebra in the play?
Wie is die sebra in die opvoering?

Markdag / Market Day

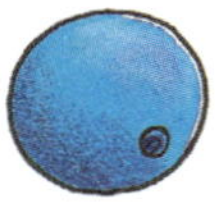
bead
kraal

cardboard
karton

glue
gom

letter
letter

monster
monster

necklace
hangertjie

paintbrush
verfkwas

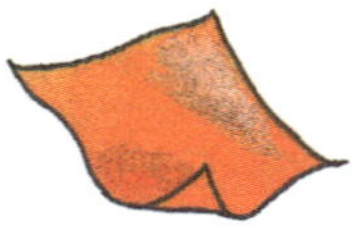
paper
papier

puppet
handpop

scissors
skêr

shape
vorm

size
grootte

toy
speelding

wheel
wiel

windmill
windpomp

wire
draad

wood
hout

cut
knip

glue
gom vas

make
maak

move
beweeg

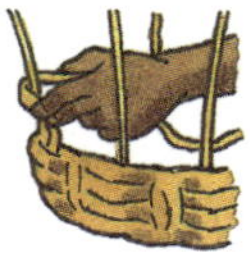
weave
weef

?

Which letter of the alphabet is missing from the table?
Watter letter van die alfabet is nie op die tafel nie?

Vakansies by die see / Holidays at the beach

bathing costume
swembroek

beach
strand

beach bat
tennisspaan

boogie board
lyfplank

crab
krap

life guard
lewensredder

magazine
tydskrif

sand
sand

sandcastle
sandkasteel

sea
see

seagull
seemeeu

seaweed
seegras

shark
haai

shell
skulp

ship
skip

sun cream
sonbrandroom

sunglasses
sonbril

towel
handdoek

wave
brander

splash
spat nat

surf
ry branders

?

What is going to happen to Shafiek's foot?
Wat gaan met Shafiek se voet gebeur?

Die alfabet / The alphabet

Die woorde in 'n woordeboek word alfabeties gerangskik. Dis maklik om woorde te kry wat in alfabetiese volgorde is.

Words in a dictionary are arranged in alphabetical order. It is easy to find words when they are in alphabetical order.

Aa	Bb	Cc	Dd	Ee	Ff	Gg
Hh	Ii	Jj	Kk	Ll	Mm	Nn
Oo	Pp	Qq	Rr	Ss	Tt	Uu
Vv	Ww	Xx	Yy	Zz		

?

Kom L voor of na M?
Does L come before or after M?

?

Watter letter kom laaste in die alfabet?
What is the last letter of the alphabet?

Teenoorgesteldes / Opposites

donker dark

lig light

eenders same

verskillend different

gelukkig happy

treurig sad

groot big

klein small

hoog high

laag low

kort short

lank tall

nat wet

droog dry

nuut new

oud old

oop open

toe closed

skoon clean

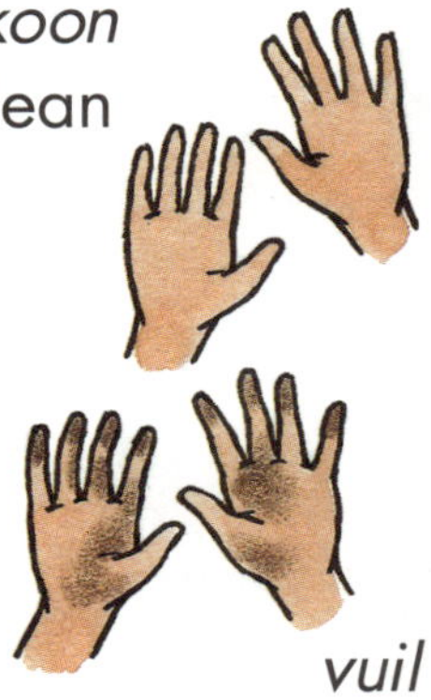

vuil dirty

swaar heavy

lig light

vet fat

maer thin

vinnig fast

stadig slow

vol full

leeg empty

warm hot

koud cold

My hare is droog, *maar joune is nog* nat.
Jou glas is vol, *maar myne is* leeg.

My hair is *dry*, but yours is still *wet*.
Your glass is *full*, but mine is *empty*.

Syfers / Numbers

0 *zero* / zero

0 *nul* / nought

1 *een* / one

2 *twee* / two

3 *drie* / three

4 *vier* / four

5 *vyf* / five

6 *ses* / six

7 *sewe* / seven

8 *agt* / eight

9 *nege* / nine

10 *tien* / ten

11 *elf* / eleven

12 *twaalf* / twelve

13 *dertien* / thirteen

14 *veertien* / fourteen

15 *vyftien* / fifteen

16 *sestien* / sixteen

17 *sewentien* / seventeen

18 *agtien* / eighteen

19 *negentien* / nineteen

1ste *eerste* 1st first

2de *tweede* 2nd second

3de *derde* 3rd third

4de *vierde* 4th fourth

5de *vyfde* 5th fifth

20 *twintig* / twenty 

21 *een-en-twintig* / twenty-one

30 *dertig* / thirty

40 *veertig* / forty

50 *vyftig* / fifty

60 *sestig* / sixty

70 *sewentig* / seventy

80 *tagtig* / eighty

90 *negentig* / ninety

100 *honderd* / one hundred

101 *honderd-en-een* / one hundred and one

Kan jy 25 in twee tale neerskryf?
Can you write 25 in two languages?

Hoe sê mens 136 in Engels?
How do you say 136 in Afrikaans?

Hoe sê mens 82 in Engels?
How do you say 82 in Afrikaans?

6de *sesde*
6th sixth

7de *sewende*
7th seventh

8ste *agtste*
8th eighth

9de *negende*
9th ninth

10de *tiende*
10th tenth

Vorms / Shapes

Alles wat ons om ons raaksien het 'n vorm. Die vorms op hierdie bladsy is almal reëlmatige vorms. Party vorms is gekrom of rond. Ander is reguit of plat. Driehoekvorms het reguit sye en kante. Sirkelvorms het ronde kante.

All things around us have a shape. The shapes on this page are all regular shapes. Some shapes are curved or round. Other shapes are straight or flat. Shapes like triangles have straight sides and edges. Shapes like circles have round edges.

hart / heart

vierkant / square

driehoek / triangle

reghoek / rectangle

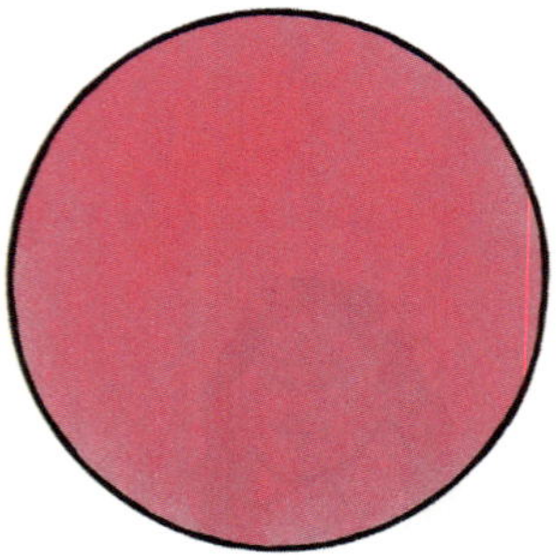

sirkel / circle

ovaal / oval

halfsirkel / semicircle

ster / star

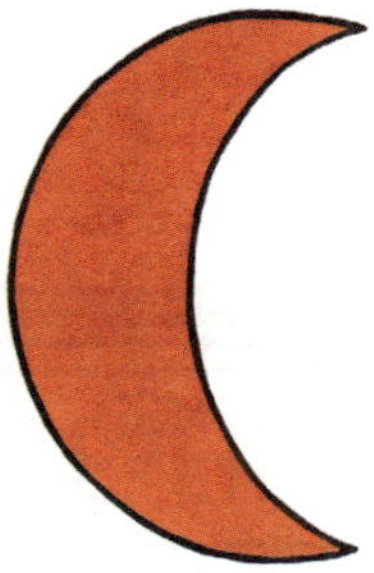

halfmaan / crescent

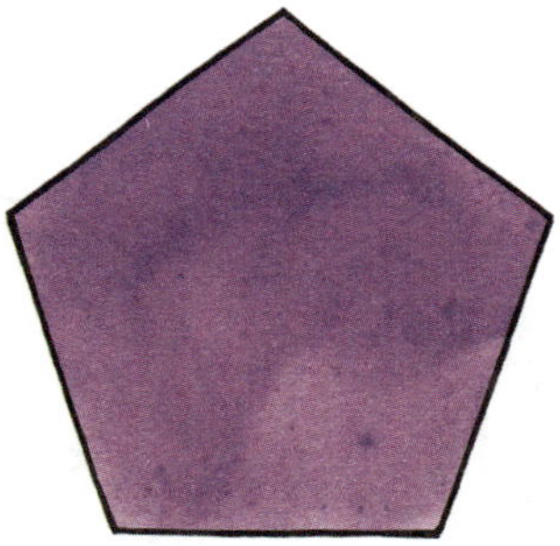

vyfhoek / pentagon

diamant / diamond

silinder / cylinder

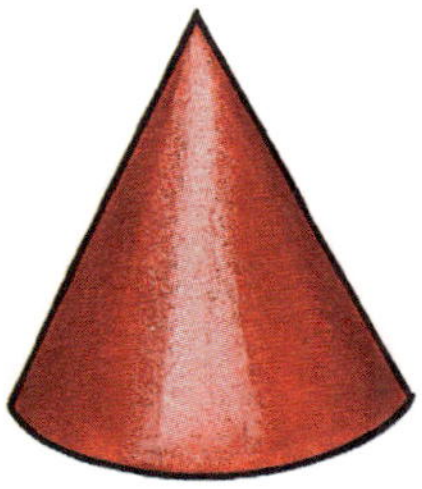

keël / cone

piramide / pyramid

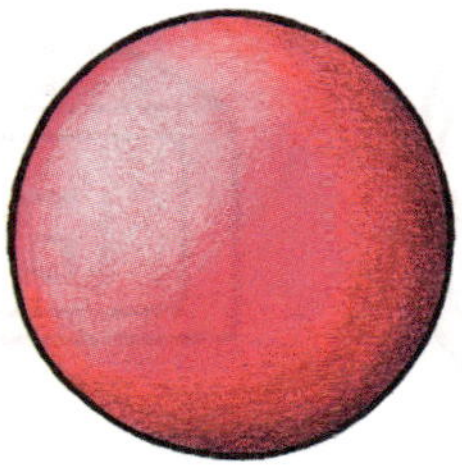

sfeer / sphere

kubus / cube

Watter vorm het drie sye?
Which shape has three sides?

Noem een vorm wat vier sye het.
Name one shape with four sides.

Tyd / Time

vm. beteken dat die tyd in die oggend is.
nm. beteken dat die tyd in die middag is.

a.m. tells us the time is in the morning.
p.m. tells us the time is in the afternoon.

Dis tien voor vier.
It's ten to four.

Dis twintig oor nege.
It's twenty past nine.

1 jaar = 365 dae
1 dag = 24 uur
1 uur = 60 minute
1 minuut = 60 sekondes

1 year = 365 days
1 day = 24 hours
1 hour = 60 minutes
1 minute = 60 seconds

Kleure / Colours

red *rooi*	**brown** *bruin*	**purple** *pers*
blue *blou*	**black** *swart*	**pink** **pienk**
green *groen*	**grey** *grys*	**orange** *oranje*
yellow *geel*		**white** *wit*

Dae en maande / Days and months

Daar is 12 maande in 1 jaar.
Die meeste maande het 31 dae.
Party maande het 30 dae.
Februarie het 28 of 29 dae.
Daar is 52 weke in 1 jaar.
Daar is 7 dae in 1 week.

There are 12 months in 1 year.
Most months have 31 days.
Some months have 30 days.
February has 28 or 29 days.
There are 52 weeks in 1 year.
There are 7 days in 1 week.

Maande / Months

Januarie	January
Februarie	February
Maart	March
April	April
Mei	May
Junie	June
Julie	July
Augustus	August
September	September
Oktober	October
November	November
Desember	December

Dae / Days

Maandag	Monday
Dinsdag	Tuesday
Woensdag	Wednesday
Donderdag	Thursday
Vrydag	Friday
Saterdag	Saturday
Sondag	Sunday

Wanneer verjaar jy?
When is your birthday?

Waar is dit? / Where is it?

The bird is **on** the roof.
*Die voël is **op** die dak.*

There is cooldrink **in** the glasses.
*Daar is koeldrank **in** die glase.*

The T-shirt is **under** the bed.
*Die T-hemp is **onder** die bed.*

The light is **above** the television.
*Die lig is **bo** die televisie.*

The nurse is **in front of** the clinic.
*Die verpleegster is **voor** die kliniek.*

The donkey is **next to** the farmer.
*Die donkie is **langs** die boer.*

Who is **behind** the door?
*Wie is **agter** die deur?*

The photograph is **at the top**.
*Die foto is **heel bo**.*

The calendar is **in the middle**.
*Die almanak is **in die middel**.*

The list is **at the bottom**.
*Die lys is **heel onder**.*

Waarheen gaan hulle? / *Where are they going?*

The boy is climbing **up** the ladder.
*Die seuntjie klim teen die leer **op**.*

The cat is climbing **down** the tree.
*Die kat klim **uit** die boom.*

She is going **into** the water.
*Sy gaan **in** die water in.*

Jabu is running **to** the car.
*Jabu hardloop **na** die kar toe.*

Aktiwiteite

1. Alfabetiese volgorde

Skryf die lys van letters in jou oefeningboek oor en vul die ontbrekende letters in elke lys in.

a) k □ m n □ p □
b) □ d □ f g □
c) s t □ v w □ □ z

2. Nog oefeninge in alfabetiese volgorde

Gebruik die prentjie om die vrae hieronder te beantwoord.

a) Skryf die diere hieronder se name in alfabetiese volgorde in 'n lys neer.

b) Skryf hierdie diere se name in jou eie woordeboek neer.
c) Skryf nog vyf ander diere se name in jou eie woordeboek neer.

3. Gebruik prentjies om jou te help lees

Kyk na bladsye 18–19. Pas die woorde hieronder by die prentjies.

roomys	ballon	wors	geskenk

4. Soek woorde in 'n ander taal

Jou onderwyser/ouer sal die bladsye met prentjies in jou woordeboek vir nog 'n aktiwiteit gebruik.

5. Maak sinne

Kyk na bladsye 26–27.

a) Maak sinne wat met die volgende woorde begin:
Hy vang vis in ________.
Gooi die _______ in die vuilgoedblik.
"Is Niki besig om te ______?" vra haar ma.

b) Vul nou hierdie sinne in:
Die padda sit ________.
Die visserman _______________.
Die kombers is ___________.

6. Spel reg

Kyk na bladsye 30–31. Al die woorde hier onder is op daardie twee bladsye, maar hulle is deurmekaar geskommel.
Skryf die woorde reg neer. Rangskik dit dan in alfabetiese volgorde.

a) torst
b) gekstreidres
c) esuro
d) karseises
e) resete

7. Nog oefeninge om reg te spel

Hierdie syfername is verkeerd gespel. Gebruik jou woordeboek om die name reg te maak.

a) ien
b) teen
c) viertien

d) neentien
e) dertag
f) eende (1ste)
g) sevende (7de)
h) tiene (10de)

8. Teenoorgesteldes

Kyk na bladsy 39. Soek die teenoorgesteldes om hierdie sinne te voltooi.

a) My pa is lank, maar my ma is ______.
b) Hierdie drankie is koud en hierdie is ______.
c) Hierdie twee prentjies is nie ______ nie. Hulle is verskillend.
d) Hierdie bottel is leeg en hierdie is ______.
e) Hierdie paar skoene is nog ______, maar sy ander paar is al baie oud.

9. Skryf jou eie storie

Skryf 'n storie oor die sportdag by die skool op bladsye 30–31. Gebruik die woorde in die spraakborrels en die woorde aan die kante van die prentjies. Begin so: Die maats se skool het elke jaar 'n sportdag. Hulle sien almal baie daarna uit.

Die kinders wat eerste kom, wen almal bekers. Selfs Niki neem aan die sakresies deel, maar sy struikel, en wen nie die resies nie. Toe Jabu 'n doel in die sokkerwedstryd aanteken, blaas die skeidsregter hard op sy fluitjie.

10. Hoe spreek jy hierdie woorde uit?

a) Lees hierdie woorde hardop. Die spelling lyk dieselfde, maar dit klink NIE dieselfde as jy dit uitspreek nie.

voel	voël
golf	gholf
sfeer	seer
zoem	soom

b) Lees hierdie tongknopers so vinnig as wat jy kan.
Sannie sê sy sal sewe sakke sout sleep.
Vinnige Fanie vat gou vyf lopies voor vieruur.

11. Soek woorde in 'n ander taal

Kyk in die indeks en soek al hierdie woorde in Engels. Die bladsynommer is langs die woord. Blaai na die bladsy toe en soek die vertaling in Afrikaans. Skryf die Afrikaanse woord neer.

a) basin
b) wheelchair
c) cupboard
d) tackie
e) village

Activities

1. Alphabetical order

In your exercise book, copy these lists of letters and fill in the missing letters in each list.

a) d e □ g h □ □
b) r □ t □ v □ x
c) □ m □ o p □ r

2. More alphabetical order

Use the picture below to answer these questions.

a) Write the names of the animals below in a list in alphabetical order.

b) Write the names of these animals in your personal dictionary.
c) Write down the names of five other animals in your personal dictionary.

3. Use pictures to help you read

Look at pages 6–7. Match these words below with the pictures.

cat	dog	cap	car

4. Find words in another language

Your teacher/parent will use the picture pages in your dictionary to give you another activity.

5. Write sentences

Look at pages 12–13.

a) Make sentences, which begin like this:
He is wearing ________.
She is wearing ________.
"Where's my ______?" says Jabu.

b) Then try to complete these sentences:
The dog is ________.
The girls ________________.
Jabu's cap is ____________.

6. Spelling

Look on pages 28–29. The words below are all on those pages, but they are jumbled.
Write the words correctly. Then put them into alphabetical order.

a) aintr
b) lanceambu
c) clebicy
d) ketorbimo
e) tionsta

7. More spelling

These number names are not correct. Use your dictionary to write the names correctly.

a) zeroe
b) sewen
c) twelwe

d) fiveteen
e) fourty
f) thurd (3rd)
g) forth (4th)
h) nineth (9th)

8. Opposites

Look at page 39. Find opposite words to complete these sentences.

a) My father is tall, but my mother is ______.
b) This drink is cold and this one is ______.
c) These two pictures are not the ______. They are different.
d) This bottle is empty and this one is ______.
e) This pair of shoes is still ______ but his other pair is very old.

9. Write your own story

Write a story about the picnic on pages 26–27. Use the words in the speech bubbles and the words on the sides of the pictures. You can start like this: One weekend all the friends go on a picnic. They go on the bus and stop near a river. Jabu wants to go for a swim and Shafiek agrees that it is very hot.
But Jan can see the grey clouds and knows that it is going to rain ...

10. How do you say these words?

a) Read these words aloud. The middle sound in each word is not the same.

pull	pool	pill
bad	bed	bird
cut	cart	cat
ran	rain	run
dad	did	dead

b) Read these tongue twisters as fast as you can.
She sells sea shells on the sea shore.
Jolly Jabu jumps and jokes and drinks juice with jelly and jam.

11. Find words in another language

Look in the index to find each of these words in Afrikaans. The page number is next to the word.
Go to that page, and find the translation. Write down the English word.

a) straat
b) strand
c) stoof
d) resies
e) wolk

Lees die storie hardop

Voordat jy die stories vir die leerders lees, moet julle eers saam die mense in die woordeboek ontmoet. Die leerders kan hulle leer ken op die titelblad, die eerste bladsy in die boek.

Jabu: Dis Niki se ouer broer. Jy ken hom uit aan sy pet wat hy gewoonlik agterstevoor dra.
Niki: Dis Jabu se suster. Sy dra 'n bril en lees gedurig.
Nazli: Nazli is 'n nuwe maat. Sy hou van armbande en dra 'n serp om haar nek.
Shafiek: Dis Nazli se broer. Hy praat gedurig op sy selfoon.
Jan: Jan is 'n maat wat 'n entjie van hulle verder af in die straat woon. Hy is gek na motorfietse.
Amy: Amy woon ook in dieselfde straat. Sy hou van allerhande sportsoorte.
Niki en Jabu se ma: Jy sal haar die eerste keer op bladsy 7 teëkom, waar sy by die venster uitkyk.
Shafiek en Nazli se ma: Sy verskyn vir die eerste keer op bladsy 11, waar sy vir Amy op die bank met haar knie help.
Niki en Jabu se pa: Hy werk op bladsy 7 aan sy kar.
Shafiek en Nazli se pa: Hy help die kinders wat op bladsy 10 op die klouterraam speel.
Tannie Dora: Dis Jan se tannie. Sy sit in 'n rystoel omdat sy nie kan loop nie.
Oupa Paul: Oupa Paul is Amy se oupa. Hy woon by haar gesin.

Familie en maats **bladsye 6–7**
Op 'n dag in die Desembervakansie sien Jabu 'n groot trok pad-af ry.

"Niki! Kom kyk!" roep hy uit, terwyl hy sy pet gryp en dit agterstevoor opsit. "Ek dink ons kry nuwe bure."

"Nuwe bure? Ek wonder wie dit is," sê Niki, en sy sit haar boek neer.

Hulle hardloop buitentoe. Tannie Dora, oupa Paul, Jan en Amy is ook buitekant. Hulle het ook die trok hoor aankom.

Jabu se hond begin blaf. Die kat kom ook buitentoe om te kyk wat aangaan, maar soos gewoonlik kruip dit op 'n snaakse plek weg!

Jabu stel hom aan die nuwe bure voor. Hy wil maats maak.

"Hallo, my naam is Jabu," sê hy.

Ons huis van binne **bladsye 8–9**
Die nuwe bure se name is Shafiek en Nazli. Jabu nooi hulle om te kom speel terwyl al die groot bokse van die trok afgelaai word.

Jabu en Niki wys hulle hoe hulle huis lyk. Hulle wys hulle die slaapkamers, die badkamer, die kombuis en die sitkamer.

"Ons kyk TV en speel speletjies hier," verduidelik Jabu in die sitkamer.

"Watse TV-speletjies het julle?" vra Shafiek.

"Kom, ek wys jou," sê Jabu.

Intussen wys Niki vir Nazli die kombuis.

"Dis die kombuis," sê Niki vir Nazli. "O, hallo Pappa," sê sy toe haar pa vinnig ingestap kom met kruideniersware. "Dis Nazli. Sy is een van ons nuwe bure."

"Hallo, Nazli," sê Pa.

"Kan jy kosmaak?" vra Nazli.

"Nie eintlik nie," sê Niki. "Ek lees liewers."

"O, ek sien. Dan is dit jóú boeke wat ek oral in die huis sien."

Kyk hoe speel ons! **bladsye 10–11**
'n Paar dae later neem Jabu en Niki hulle nuwe maats park toe. Nazli se ma kom saam om almal te ontmoet en na die kinders te kyk.

Dis nogal warm, dus speel Shafiek en Jabu sokker naby die sproeiers – en word lekker vuil! Niki neem soos gewoonlik haar boek saam, maar sy gaan spring later tou saam met die ander. Amy val haar knie stukkend.

"Is jou knie seer?" vra Nazli se ma.

"Net 'n klein bietjie," sê Amy dapper.

Jan en 'n paar van sy maats kry 'n koerant op die bank en hulle kyk na die jongste sokkeruitslae.

Dis gou tyd om huis toe te gaan. Shafiek en Nazli is van plan om by Jabu en Niki se huis oor te slaap.

Die maats slaap oor **bladsye 12–13**
Jabu en Shafiek is baie vuil en nat! Shafiek is bekommerd omdat sy selfoon 'n bietjie modderig is.

"Ek dink julle moet sommer dadelik gaan stort," sê Jabu se ma.

"Jy kan maar eerste gaan, Shafiek," sê Jabu, en hy gee vir hom 'n handdoek.

Shafiek het 'n skoon kortbroek en T-hemp en sandale saamgebring. Jabu trek jeans en 'n hemp en tekkies aan.

"Waar's my pet?" mompel hy. "Ma sal kwaad wees as ek dit by die park gelos het."

Niki en Nazli was ook en trek skoon klere aan.

"Ek hou baie van daardie T-hemp, Niki," sê Nazli.

"Wil jy dit vandag dra?" bied Niki aan. "Ek gaan 'n ander T-hemp saam met my jeans dra."

Ons woonbuurt **bladsye 14–15**
"Is daar 'n winkelsentrum hier naby?" vra Shafiek die volgende dag. "Ek moet iets koop om my selfoon te beskerm."

"Ja, daar is," antwoord Jabu. "Ek kan jou soontoe vat."

Niki en Nazli besluit om ook saam te gaan. Die maats stap met die straat af dorp toe. Dis nie baie ver nie.

"Is daar baie winkels by die winkelsentrum?" vra Nazli.

"Dis maar 'n klein winkelsentrumpie," sê Niki, "maar daar is 'n hele paar winkels."

"Waar's die skool?" vra Shafiek.

"Dis langs die winkelsentrum," antwoord Jabu.

"Ek sien daar is ook 'n moskee in die dorp," sê Shafiek, terwyl hy na die teken wys.

"Ja, en ek dink daar is ook nog 'n kerk en 'n sinagoge," antwoord Niki.

Inkopies **bladsye 16–17**
"Kom ons hou 'n braai om jou verjaardag te vier, Nazli," sê haar ma. "En kom ons nooi sommer al ons nuwe vriende in die straat om ook te kom."

"Oukei. Maar sal daar ook 'n koek wees as ons 'n braai hou?" vra Nazli bekommerd.

"Natuurlik, ja!" sê haar pa. "Dit sal 'n braai en verjaardagpartytjie saam wees."

"Dan moet ons winkel toe gaan en kos gaan koop," sê haar ma.

"Weg is ons! Ek weet waar die supermark is," sê Shafiek.

"Dan moet jy voor loop," sê sy pa. Hulle stap supermark toe.

Hulle koop meel, eiers en suiker om die koek mee te bak, en ook vleis om te braai. Hulle is baie gelukkig om die koeldranke daardie dag teen 'n spesiale prys te koop.

'n Partytjie **bladsye 18–19**
Dis sommer gou Nazli se verjaardag en tyd om partytjie te hou. Nazli is vreeslik opgewonde! Niki bring 'n geskenk.

"Veels geluk, liewe Nazli!" sing sy toe sy binnekom.

Nazli het nie verwag dat haar maat haar 'n present sal gee nie, maar sy is baie bly. Sy wonder of Niki se present 'n nuwe armband is, maar die boks lyk effens te groot daarvoor …

Daar is baie lekker kos om te eet. Die koek lyk heerlik en die reuk van die wors op die rooster laat almal se monde water, ook Jabu se hond s'n!

Selfs Jabu se pa maak tyd om die partytjie by te woon. Hy is baie lief vir 'n braai!

Kaarte en plekke **bladsye 20–21**
Op 'n dag kuier Jabu en Niki by Shafiek en Nazli se huis. Niki sien 'n paar foto's raak wat teen die muur hang.

"Wie's op hierdie foto?" vra sy.

"Dis my familie," antwoord Shafiek. "Dis by ons ou huis geneem."

"Is dit ver hiervandaan?" vra Niki.

"Ja," sê Nazli. "Dit was naby 'n groot wildtuin."

"Wag 'n bietjie, laat ek julle wys," sê Shafiek, en hy gaan haal 'n atlas waarin daar 'n kaart is. Hy wys hulle waar die wildtuin op die kaart is.

"Ons het in hierdie dorpie naby die berge, net links van die wildtuin, gewoon," sê Shafiek.

"Jy bedoel seker *wes* van die wildtuin," sê Jabu.

"Hm, ja, ek dink so," sê Shafiek. "Ek kan vir julle 'n video wys wat ons in die wildtuin geneem het."

"Dit sal lekker wees, maar ons moet nou eers huis toe gaan. Dis môre skool," sê Niki.

Op die plaas **bladsye 22–23**
Shafiek en Nazli gaan na dieselfde skool as Jabu en Niki. Nazli en Niki is in Graad 2 en Shafiek en Jabu in Graad 4.

Kort nadat die skool weer begin het, gaan hulle almal plaas toe vir 'n skooluitstappie.

Niki stel nie eintlik in plase belang nie. Sy vat haar boek saam net ingeval sy verveeld begin raak.

"Het enige van hierdie diere in die wildtuin naby julle ou huis gewoon?" vra Jabu vir Shafiek.

"Nee, moenie laf wees nie," antwoord hy. "Dis plaasdiere hierdie. Daar was net wilde diere soos leeus en sebras in die wildtuin."

Almal geniet dit baie op die plaas. Hulle probeer selfs paddavissies vang. Jabu hou die meeste van die kleinste diertjie!

'n Wildtuin **bladsye 24–25**
Nadat hulle op die plaas was, is Jabu baie gretig om meer te leer oor die diere wat in die wildtuin woon. Hulle gaan toe die volgende Saterdag na Shafiek en Nazli se huis toe om na die video te kyk.

Shafiek se ma haal haar videokamera uit en koppel dit aan die TV-stel. Sy wys hulle 'n video wat sy in die wildtuin geneem het. Hulle sien allerhande soorte diere.

"Kyk! Daar's 'n leeu," roep Jabu uit.

"En wat's dit daardie?" vra Niki.

"Dis 'n seekoei," sê Shafiek se ma.

Dis lekkerder as om te gaan fliek.

"Ek wens ek kon 'n wildtuin besoek," sê Jabu.

'n Piekniek **bladsye 26–27**
Een naweek organiseer die skool 'n piekniek vir al die leerders en hulle gesinne. Almal sal met 'n bus na 'n rivier toe geneem word. Hulle sal daar vleis kan braai en swem. Nazli se ma sal die meeste van die kos saamneem.

Jabu kan skaars wag, want hy is baie lief vir swem. Shafiek wil graag gaan visvang. Nazli is opgewonde omdat almal saam in die bus gaan ry. Niki is bietjie stiller as gewoonlik. Miskien is dit omdat sy nie kan swem nie. Eintlik is sy bietjie bang vir die water, maar sy wil nie hê die ander moet daarvan weet nie.

Almal geniet dit vreeslik baie. Maar dit is baie warm. Jan is die enigste een wat sien dat daar reën aan die kom is …

Vervoer **bladsye 28–29**
"Kyk hier," sê Jan op 'n dag vir Jabu. "Hierdie plakkaat sê dat daar 'n kompetisie gehou gaan word om te kyk wie die interessantste voertuig kan maak.

"Watse ding is 'n 'voertuig'?" vra Jabu.

"Dis 'n ding wat mense van een plek na 'n ander vervoer, iets soos 'n trok of bus. Ek gaan 'n motorfiets maak!"

"Hm. Dalk kan ek dan 'n bus maak," sê Jabu. "Ek dink ek gaan 'n boks gebruik om dit te maak."

Al die leerders by die skool skryf vir die kompetisie in. Hulle gebruik allerhande soorte goed om hulle voertuie mee te maak. Een kind kul en bring 'n voertuig wat by die winkel gekoop is!

Jan wen die kompetisie met sy motorfiets. Hy is baie trots daarop.

Sportdag **bladsye 30–31**
Die jaar gaan vinnig verby. Dis sommer gou-gou al September, en Sportdag kom nader. Almal neem deel, selfs Niki. Sy struikel in die sakresies en val amper, maar kom nog steeds tweede.

Jabu oorreed sy pa om skeidsregter by die sokkerwedstryd te wees. Maar hy is 'n bietjie teleurgesteld dat hy net een doel aangeteken het.

Jan se ma sit die resies af. Sy skreeu: "Op julle merke! Gereed! Weg!" En dan blaas sy haar fluitjie. Daar is sommer baie resiese wat gehardloop word. Selfs die ouers hardloop teen mekaar.

Nazli se ma wys dat sy vinnig kan hardloop. Nazli is baie trots op haar.

Daar is drie bekers op die tafel. Almal is nuuskierig om uit te vind wie die bekers gaan wen. Jabu hoop hy wen een van hulle …

Ons maak reg vir die opvoering **bladsye 32–33**
Die skool begin in Oktober regmaak vir die opvoering aan die einde van die jaar. Party kinders speel toneel, party sing en dans, en ander help met verskillende takies.

Maar dit is die lekkerste om vir die opvoering reg te maak. Daar is maskers en kostuums – en party kinders dra glad grimering!

"Ek is 'n bietjie skrikkerig," sê die "leeu" vir Nazli se ma toe sy haar grimering opsit.

"Moenie bekommerd wees nie. Geniet dit net," sê Nazli se ma.

"Het almal hulle kostuums en maskers?" vra mev. Swart, die drama-onderwyseres.

Die "sebra" kan nie uit sy masker sien nie, en bly in goed vasloop!

Markdag **bladsye 34–35**
"Hoe doen jy dit?" vra Shafiek. Hy kyk hoe Jabu 'n mandjie vleg. Hulle is besig om goed te maak wat hulle op markdag kan verkoop.

"My ouma het vir my gewys hoe om dit te doen en ek hou regtig baie daarvan," sê Jabu. "Wel, ek kan nie vleg nie," sê Shafiek, "toe maak ek maar 'n handpop."

"Dis reg, en ek het jou gehelp met die oë," sê Nazli, wat besig is om hangertjies en armbande te maak om te verkoop.

Niki gebruik oorskietblikkies om mooi houers van te maak. "Mens kan dit gebruik om penne en allerhande ander goed in te sit," verduidelik sy.

"Hoekom maak jy nie iets vir jou boek nie, Niki?" vra Jan.

"Goed, maar hoekom maak jy nie nog 'n motorfiets in plaas van 'n windpomp nie, Jan?" antwoord Niki.

Amy en 'n paar van haar maats maak kaartjies. Hulle knip letters uit om dit mee te versier.

Vakansies by die see **bladsye 36–37**
Dis uiteindelik weer vakansietyd! Shafiek en Nazli het nou al goeie maats geword. Hulle woon al 'n hele jaar lank in hulle nuwe huis.

Op 'n dag gaan hulle almal see toe om te ontspan. Dis warm, maar die water is lekker. En nou is Niki nie meer bang daarvoor nie. Sy het geleer hoe om te swem, maar hou nie daarvan om natgespat te word nie. Shafiek dink dis baie snaaks. Maar hy sien nie raak wat onder die water naby sy voet is nie …

Jabu wil gaan lyfplank ry. Dalk kan hy volgende jaar leer branders ry.

Niki bou sandkastele en Amy kry iemand om strandtennis saam met haar te speel.

Jabu se hond hou van die seegras op die strand.

Almal stem saam dat hulle die jaar baie geniet het – hulle het nuwe maats bygekry en nuwe goed by die skool geleer.

Read-aloud story

Before you read the story to the learners, introduce them to the characters in the dictionary. The learners can identify them on the title page, which is the first page of the book.

Jabu: He is Niki's older brother. You can recognise him because he usually wears a cap the wrong way around.
Niki: She is Jabu's sister. She wears glasses and is often reading.
Nazli: She is a new friend. She loves bangles and she wears a scarf around her neck.
Shafiek: He is Nazli's brother. He is always on his cellphone.
Jan: Jan is a friend who lives down the road. He loves motorbikes.
Amy: Amy also lives in the same road. She loves all kinds of sports.
Niki and Jabu's mum: You will first see her on page 7, looking out the window.
Shafiek and Nazli's mum: She first appears on page 11, helping Amy on the bench with her knee.
Niki and Jabu's dad: He is working on his car on page 7.
Shafiek and Nazli's dad: He is helping children on the jungle gym on page 10.
Aunt Dora: She is Jan's aunt. She cannot walk so she has a wheelchair.
Oupa Paul: Oupa Paul is Amy's grandfather. He lives with her family.

Family and friends **pages 6–7**
One day during the December holidays Jabu saw a big truck driving down the road.

"Niki! Look!" he shouted, grabbing his cap and putting it on back to front. "I think we are going to have new neighbours."

"New neighbours? I wonder who they are?" said Niki, putting down her book.

They ran outside. Aunt Dora, Oupa Paul, Jan and Amy were outside too. They had also heard the truck.

Jabu's dog started to bark. The cat came out to see as well but as usual it found a funny place to go and hide!

Jabu introduced himself to the new neighbours. He wanted to make friends.

"Hello, my name is Jabu," he said.

Inside our house **pages 8–9**
Shafiek and Nazli were the new neighbours. Jabu invited them to play while all the boxes were being off-loaded from the big truck.

Jabu and Niki showed them around their house. They showed them the bedrooms, the bathroom, the kitchen and the lounge.

"This is where we watch TV and play games," explained Jabu in the lounge.

"What TV games do you have?" asked Shafiek.

"I'll show you," said Jabu.

Meanwhile Niki and Nazli were in the kitchen.

"Here's the kitchen," said Niki to Nazli. "Oh, hi Dad," she said as her father rushed in with some groceries. "This is Nazli. She's our new neighbour."

"Hello, Nazli," said Dad.

"Can you cook?" asked Nazli.

"Not really," said Niki. "I prefer to read."

"Oh, I see. So those are your books all over the house then."

Look at us play! **pages 10–11**

A few days later, Jabu and Niki took their new friends to the park. Nazli's mother came along to meet everyone and to watch the children.

It was quite hot, so Shafiek and Jabu played soccer near the sprinklers - and got very dirty! Niki of course took her book along, but she also joined in the skipping after a while. Amy fell and scraped her knee.

"Does your knee hurt?" asked Nazli's mother.

"Just a little," said Amy, trying to be brave.

Jan and some of his friends found a newspaper on the bench, so they had a look at the latest soccer results.

Soon it was time to go home. Shafiek and Nazli were going to sleep over at Jabu and Niki's house.

A sleepover **pages 12–13**

Jabu and Shafiek were very dirty and wet! Shafiek was worried because his cellphone was a bit muddy.

"You need to go straight to the shower, I think," said Jabu's mum.

"You go first, Shafiek," said Jabu, giving him a towel.

Shafiek had brought clean shorts and a T-shirt and sandals. Jabu put on jeans and a shirt and tackies.

"Where's my cap?" he muttered. "Mum will be so angry if I left it at the park."

Niki and Nazli also washed and then they changed into clean clothes.

"I love that T-shirt, Niki," said Nazli.

"Would you like to wear it today?" offered Niki. "I am going to wear my jeans with another T-shirt."

Where we live **pages 14–15**

"Is there a shopping mall nearby?" asked Shafiek the next day. "I need to get a cover for my cellphone."

"Yes, there is," replied Jabu. "I can take you there."

Niki and Nazli decided to go too. The friends walked down the street towards the town. It wasn't very far.

"Are there a lot of shops at the mall?" asked Nazli.

"It's a small shopping mall," said Niki, "but there are quite a few shops."

"Where's the school?" asked Shafiek.

"It's next to the shopping mall," replied Jabu.

"I see there is a mosque in town too," said Shafiek, pointing to the sign.

"Yes, and there's a church and a synagogue too, I think," replied Niki.

Shopping **pages 16–17**

"Let's have a braai to celebrate your birthday, Nazli," said her mother, "And let's invite all our new friends in the street to come."

"Okay. But will I have a cake if we have a braai?" asked Nazli worriedly.

"Yes, of course!" said her father. "It will be a braai and a birthday party at the same time."

"So we need to go to the shop and buy some food," said her mother.

"Let's go! I know where the supermarket is," said Shafiek.

"You lead the way, then," said his father. So off they went.

They bought flour, eggs and sugar to make the cake, and they also bought meat to braai. The cooldrinks were a special price that day, which was lucky.

A party **pages 18–19**

Soon it was Nazli's birthday and time for the party. Nazli was so excited! Niki arrived with a present.

"Happy birthday, Nazli!" she sang as she came in.

Nazli didn't expect a present from her friend, but she was very pleased. She wondered if Niki had bought her a new bracelet, but the box looked a bit big for that …

There was lots of good food to eat. The cake looked delicious and the smell of the meat on the braai made everyone hungry, including Jabu's dog!

Even Jabu's dad found the time to join the party. He loved a braai!

Maps and places **pages 20–21**

One day Jabu and Niki were at Shafiek and Nazli's house. Niki saw some photographs on the wall.

"Who's in this photograph?" she asked.

"That's my family," Shafiek replied. "It was taken at our old house."

"Was that far away?" asked Niki.

"Yes," said Nazli. "It was near a big game park."

"Wait, I'll show you," said Shafiek, and he went to find an atlas with a map. He showed them the game park on the map.

"We lived in the village, here, near the mountains, to the left of the game park," said Shafiek.

"You mean *west* of the game park," said Jabu.

"Um, yes, I suppose so," said Shafiek. "I can show you a video we made at the park."

"That would be great, but we must go home now. It is school tomorrow," said Niki.

On the farm **pages 22–23**

Shafiek and Nazli went to the same school as Jabu and Niki. Nazli and Niki were in Grade 2 and Shafiek and Jabu were in Grade 4.

Soon after school started, they all went on a school trip to a farm.

Niki wasn't really interested in farms. She took her book along in case she got bored.

"Did any of these animals live in the game park near your old house?" Jabu asked Shafiek.

"No, silly," he replied. These are all farm animals. There were only wild animals like lions and zebra in the game park."

They had a good time at the farm. They even tried to catch tadpoles. Jabu liked the smallest animal best!

A game park **pages 24–25**

After the visit to the farm, Jabu was very keen to find out more about the animals that live in the game park. So the following Saturday they went around to Shafiek and Nazli's house to watch their video.

Shafiek's mum took out her video camera and connected it to the TV set. She showed them a video she had made in the game park. They saw all sorts of animals.

"Look! There's a lion," shouted Jabu.

"And what's that?" asked Niki.

"It's a hippopotamus," said Shafiek's mother.

It was better than watching a film at the movies.

"I wish I could go to a game park," said Jabu.

A picnic **pages 26–27**

One weekend the school organised a picnic for all the learners and their families. Everyone was going to go on a bus to a river. There they would be able to swim and braai. Nazli's mother prepared most of the food.

Jabu couldn't wait, as he loved to swim. Shafiek wanted to go fishing. Nazli was excited that they were all going in the bus together. Niki was a bit quieter than usual. Perhaps that was because she couldn't swim. In fact, she was a bit afraid of the water, but she didn't want anyone to know.

They had a wonderful time. But it was very hot. Jan was the only one to notice the rain clouds that were coming …

Transport **pages 28–29**

"Look," said Jan one day to Jabu. This poster says that there's going to be a competition to build the most interesting vehicle.

"What's a 'vehicle'?" asked Jabu.

"It's something like a truck or a bus that takes you from one place to another. I'm going to make a motorbike!"

"Mmm. Perhaps I can make a bus then," said Jabu. "I think I'll make it out of a box."

All the learners at the school entered the competition. They used all sorts of materials to make their vehicles. Somebody cheated and brought a vehicle from the shop!

Jan won the competition with his motorbike. He was very proud of himself.

Sports Day **pages 30–31**

The year went very quickly. Soon it was September already and it was time for Sports Day.

Everyone took part, even Niki. She tripped in the sack race and almost fell over, but she still managed to come second.

Jabu persuaded his dad to come and referee the soccer match. He was a bit disappointed that he only scored one goal though.

Jan's mum started the races. She shouted "On your marks! Get set! Go!" And then she blew her whistle. There were lots of races. There was even a race for parents.

Nazli's mum showed that she was a fast runner. Nazli was proud of her.

There were three cups on the table. Everyone wondered who would win the cups. Jabu hoped he would win one of them …

Getting ready for the play **pages 32–33**

In October, the school started preparing for the end of the year play. Some people were going to act, some were going to sing and dance, and others were going to help in other ways.

Getting ready for the play was the most fun though. There were masks and costumes – and some of them would have make-up too!

"I'm feeling nervous," said the 'lion' to Nazli's mother, who was doing her make-up.

"Don't worry. Just enjoy yourself," said Nazli's mother.

"Do you all have your costumes and masks?" asked Mrs Swart, the drama teacher.

The 'zebra' couldn't see out his mask and kept bumping into things!

Market Day **pages 34–35**

"How do you do that?" asked Shafiek. He was watching Jabu weave a basket. They were making things to sell on market day.

"My grandmother showed me and it is something I really enjoy doing," Jabu said. "Well, I can't weave," said Shafiek, "so I made sock puppets."

"Yes, and I helped you with their eyes," said Nazli, who was busy making necklaces and bracelets to sell.

Niki used recycled cans to make pretty containers. "These can be used for pens and things," she explained.

"Why don't you make something for your book, Niki?" asked Jan.

"Well, why don't you make another motorbike then and not a windmill, Jan?" replied Niki.

Amy and some of her friends made cards. They used cut-out letters and shapes to decorate them.

Holidays at the beach **pages 36–37**

Finally it was time for holidays again! Shafiek and Nazli were now old friends. They had been in their new house for a year already.

One day they all went down to the beach to relax. It was hot, but the water was great. And Niki wasn't afraid of it any more. She had learnt how to swim but she didn't like to be splashed. Shafiek thought that was very funny. But he couldn't see what was under the water near his foot …

Jabu was going to boogie-board. Maybe he would learn to surf next year.

Niki made sandcastles and Amy found someone to play beach bats with her.

Jabu's dog loved the seaweed on the beach.

Everyone agreed that they had had a good year – they'd made new friends and learnt new things at school.

Aantekeninge oor aktiwiteite

Help die leerders om hulle eie woordeboeke te maak vóórdat hulle met die aktiwiteite in hierdie woordeboek begin, of net nadat hulle die eerste aktiwiteit gedoen het. Dit sal hulle help om alfabetiese volgorde te verstaan. Hulle kan dan ook nuwe woorde wat hulle geleer het in hulle eie woordeboeke oorskryf, sodat hulle dit makliker kan onthou.

As jy 'n woordeboek wil maak, moet jy vier blaaie A4-papier versigtig in die helfte sny of afskeur. Vou dan die klein blaadjies in die helfte om 'n boekie te maak. Kram dit in die middel saam vas om die bladsye bymekaar te hou. Die voorblad kan met die leerder se naam versier word, en daarna moet die leerder die letters van die alfabet boaan elke bladsy skryf.

1. Alfabetiese volgorde *individueel (10 minute)*

Verduidelik dat alfabetiese volgorde beteken om woorde volgens die letters van die alfabet in volgorde te sit. Woorde in 'n woordeboek is in alfabetiese volgorde. Die woorde in die indeks en op elke prentebladsy van hierdie woordeboek is ook in alfabetiese volgorde. Dit maak dit maklik om die woorde te kry.

Kyk eers saam met die leerders na die alfabet op bladsy 38 van die woordeboek. Vra hulle, "Watter letter kom voor K? Watter een kom na T?" ens. Leerders kan nou die lys van letters neerskryf en die ontbrekende letters in elke lys invul.

Antwoorde: a) k **l** m n **o** p **q**, b) **c** d e **f** g **h**, c) s t **u** v w **x** **y** z

Ander voorstelle: Sing 'n liedjie oor die alfabet saam; speel speletjies waarin die leerders woorde of name wat met letters van die alfabet begin, moet soek; gee lyste van 4 of 5 woorde of name aan leerders om in alfabetiese volgorde te sit. Skop eers af met woorde wat met verskillende letters begin, en verduidelik dan dat in gevalle waar woorde met dieselfde letter begin, ons die tweede of derde letter gebruik om dit in alfabetiese volgorde te sit.

2. Nog oefeninge in alfabetiese volgorde *individueel (10 minute)*

Herinner leerders daaraan dat dit makliker is om woorde en name na te gaan, te rangskik en op te spoor as dit in alfabetiese volgorde is.

As daar twee woorde is wat met die letter "a" begin, moet hulle na die tweede letter in elke woord kyk.

Antwoorde: apie, arend, bok, buffel, olifant

Ander voorstelle: Gee leerders so 5 of 6 name wat op afsonderlike stukkies papier geskryf is, en vra hulle om 'n lys van name in alfabetiese volgorde te maak.

Laat hulle baie oefen met woorde wat met dieselfde letter begin.

3. Gebruik prentjies om te lees *individueel (10 minute)*

Lees 'n paar van die woorde in die lys hardop uit, en vra die leerders om te wys watter woorde jy gelees het. Daarna kan hulle self die woorde by die prentjies in die aktiwiteit pas.

Hulle moet die nommer van die prentjie met die woord agterna neerskryf.

Antwoorde: 1. present 2. roomys 3. wors 4. ballon

Ander voorstelle: Gebruik die prentjies op enige van die bladsye. Vra die leerders om die woorde uit te wys terwyl jy dit hardop lees, en vra hulle dan om die woorde wat jy hardop uitgelees het, neer te skryf. Hulle kan ook die woordeboeke toemaak en hulle woorde probeer neerskryf sonder om daarin te kyk.

As jy pret wil hê, kan jy die leerders beurte laat neem om party van die woorde hardop te lees en die ander leerders dan vra om dit neer te skryf.

4. Soek woorde in 'n ander taal *pare (15 minute)*

Indien nodig, verduidelik wat 'n vertaling is.

Verduidelik dat 'n prentebladsy oor 'n spesifieke onderwerp handel, soos byvoorbeeld **Inkopies.**

Kies enige prentebladsy, en gee 'n paar woorde in een taal aan die leerders. Skryf hierdie woorde op die swartbord of op stukkies papier neer. Vra die leerders om hierdie woorde te soek en dan in Engels neer te skryf.

Antwoorde: Sal verskil.

Ander voorstelle: Gebruik ander prentebladsye uit die woordeboek om dieselfde oefening te doen.

5. Maak sinne *pare (15 minute)*

Lees die sinne in die spraakborrels saam. Gebruik die sinstrukture in die spraakborrels en die woorde in die lyste om eers 'n paar sinne mondelings te maak.

Jy kan ook verduidelik dat vraesinne altyd met vraagtekens eindig: "Is Niki besig om …?" Laat die leerders nou soveel sinne as moontlik neerskryf. Party van die leerders kan dalk ander sinne neerskryf deur die woorde op hierdie bladsye te gebruik. Laat hulle toe om dit te doen, solank hulle die grammatika verstaan.

Antwoorde: Alle grammatikaal korrekte sinne is aanvaarbaar, byvoorbeeld: Hy vang vis in die boot. Gooi die rommel in die vuilgoedblik. "Is Niki besig om te lees?" vra haar ma. Die padda sit op die rots. Die visserman vang vis. Die kombers is onder die sambreel.

Ander voorstelle: Gebruik die sinne in die spraakborrels as model vir leerders om op dieselfde manier ander sinne oor ander bladsye te maak. Laat hulle dan probeer om kort sinne in Engels te vertaal.

6. Spel reg *individueel (10 minute)*
Wys 'n deurmekaar geskommelde woord van bladsye 30–31 aan die leerders. Sê vir hulle dat die letters almal deurmekaar geskryf is. Vra hulle dan om in hulle woordeboeke te kyk of hulle kan uitwerk wat die woord is. As dit nodig is, kan jy hulle help deur die eerste letter vir hulle te gee. Doen nog 'n paar voorbeelde en laat hulle dan probeer om die aktiwiteit self te doen.

Antwoorde: a) trots, b) skeidsregter, c) ouers, d) sakresies, e) eerste

Ander voorstelle: Gee ander groepe woorde uit die woordeboekbladsye aan die leerders. Skommel die letters deurmekaar en vra hulle dan om die woorde in alfabetiese volgorde te plaas. Kies 'n paar woorde wat met dieselfde letter begin. Die leerders kan ook vir mekaar letters deurmekaar skommel.

7. Nog oefeninge om reg te spel pare (5–10 minute)
Jy kan soos in 'n speletjie tydhou om te kyk watter pare eerste al die regte antwoorde het.

Antwoorde: a) een, b) tien, c) veertien, d) negentien, e) dertig, f) eerste, g) sewende, h) tiende

Ander voorstelle: Organiseer spelspeletjies tussen groepe leerders. Elke groep kan woorde uit die woordeboek kies om aan ander groepe te vra. Hulle kan sommer terselfdertyd oefen hoe om woorde reg uit te spreek.

8. Teenoorgesteldes pare (10 minute)
Lees en bespreek eers al die teenoorgestelde woorde op hierdie bladsye en gesels dan oor die prentjies voordat die leerders die vrae aandurf.

Antwoorde: a) kort, b) warm, c) verskillend, d) vol, e) nuut

Ander voorstelle: Leerders kan hulle eie raaisels maak deur die bladsye van hierdie woordeboek te gebruik.

9. Skryf jou eie storie pare (30-60 minute)
Sommige leerders kan dalk nog heelwat hulp nodig hê voordat hulle hierdie storie kan skryf. Ons stel voor dat jy die storie weer aan die leerders lees. Vra nou 'n paar leerders om die storie oor te vertel. Kyk nou weer na die woorde en sinne op die bladsy. Skryf enige woorde neer wat die leerders voorstel. Lees die begin van die storie wat in die aktiwiteit gegee word. Wys hulle waar die woorde op die woordeboekbladsy staan. Eers dan kan die leerders die storie self probeer skryf. Die stories kan daarna geredigeer, netjies oorgeskryf en in die klas uitgestal word.

Antwoorde: Enige redelik goeie stories kan aanvaar word.

Ander voorstelle: Leerders kan die stories op die ander prentebladsye in die woordeboek aan mekaar vertel. Hulle kan dan ook 'n ander bladsy kies en 'n storie daaroor skryf.

10. Hoe spreek jy hierdie woorde uit? pare (5 minute)
Maak seker dat die leerders die klanke kan onderskei. Oefen saam in die klas, ingeval daar leerders is wat skaam is oor hulle eie uitspraak.

Ander voorstelle: Vra hulle of hulle ander tongknopers ken. Skryf dit op die bord neer, en geniet dit om dit saam hardop te sê.

11. Soek woorde in 'n ander taal pare (15 minute)
Help die leerders om die indeks op te spoor en wys hulle hoe om dit te gebruik. Dit sal hulle help om vinniger by die woorde uit te kom. Hulle kan ook self probeer uitwerk op watter prentebladsy die woorde is.

Antwoorde: a) wasbak, b) rolstoel, c) kas, d) tekkie, e) dorpie

Ander voorstelle: Gee woorde en kort sinne aan die leerders om te vertaal. Jy kan hulle dit mondelings of skriftelik laat doen. Gee ander sinne as die modelsinne in die woordeboek. Leerders moet die werkwoorde, naamwoorde en byvoeglike naamwoorde in die sinne kan verander. Byvoorbeeld: *Ek wil swem → Ek wil 'n koek bak. Hy is honger→ Sy is dors.*

Notes on the activities

Help the learners to make personal dictionaries before they start the activities in this dictionary or after they have done the first activity. This will help them to understand alphabetical order. They can then copy new words that they learn into their personal dictionaries to help them remember them.

To make a dictionary, cut or carefully tear four sheets of A4 paper in half, and then fold the small sheets in half, to make a booklet. Staple down the middle to keep the pages together. The front cover can be decorated with the learner's name, and then the learner should write the letters of the alphabet at the top of each page.

1. Alphabetical order individual (10 minutes)
Explain that alphabetical order is putting words in order according to the letters of the alphabet. Words in a dictionary are in alphabetical order. In this dictionary, the words in the index and on each picture page are in alphabetical order. It makes the words easy to find.

Look at the alphabet on page 38 with the learners first. Ask them questions like, "What letter comes before D? What is after R?" etc. Learners then write the lists of letters and fill in the missing letters in each list.

Answers: a) d e **f** g h **i** j, b) r **s** t **u** v **w** x, c) **l** m **n** o p **q** r

More ideas: Sing an alphabet song together; play games in which the learners have to find words or names beginning with letters of the alphabet; give the learners lists of 4 or 5 words or names to put into alphabetical order. Start with words that begin with different letters and then explain that when words begin with the same letter we have to look at the second or third letter in the word to know the alphabetical order.

2. More alphabetical order individual (10 minutes)
Remind learners that it is easier to check, sort and find words and names that are in alphabetical order. As there are two words that begin with an "h" they need to look at the second letter in each word.

Answers: giraffe, hippopotamus, hyena, lion, zebra

More ideas: Give learners about 5 or 6 names on separate pieces of paper and let them make a list of the names in alphabetical order.

Give them lots of practice with lists of words beginning with the same letter.

3. Use pictures to help you read individual (10 minutes)
Read some words in the word list on pages 6–7 aloud and ask the learners to show you the words that you are reading.

Then they can match the words and the pictures in the activity by themselves. They should write the number of the picture and then the word.

Answers: 1. cat 2. dog 3. cap 4. car

More ideas: Use the pictures on any of the pages. Ask learners to show you words as you read them aloud, and then ask them to write down words that you have read aloud. As a third step, they can close their dictionaries and try to write the words without looking.

For fun, the learners can take turns reading out some of the words and getting other learners to write them down.

4. Find words in another language pairs (15 minutes)
Explain what a translation is if necessary.

Explain that a picture page is a page about a certain topic, like **Shopping.**

Choose any picture page and give the learners some words in one language.

Write these on the board or on pieces of paper. Ask the learners to find the words and then write them down in Afrikaans.

Answers: Will vary.

More ideas: Do the same with other picture pages in the dictionary.

5. Write sentences pairs (15 minutes)
Read the sentences in the speech bubbles together. First make a few sentences orally using the structures in the speech bubbles and the words in the lists. You can also explain that we often use short forms when we speak: "Where's" means "Where is" and "I'm" means "I am".

Then let the learners write as many sentences as they can. Some learners may be able to write different sentences using the words on these pages. Let them do this as well if they understand the grammar.

Answers: Accept all grammatically correct sentences, for example: He is wearing jeans. She is wearing a T-shirt. "Where's my cap?" says Jabu. The dog is eating a pencil. The girls are in the bedroom.

More ideas: Using the sentences in the speech bubbles as models or frames, let the learners make sentences about other pages in the same way. Then let them try to translate short sentences into Afrikaans.

6. Spelling individual (10 minutes)
Show the learners a jumbled up word from pages 28–29. Tell them that the letters are all mixed up. Ask them to look in their dictionaries and see if they can work out what the word is. Help them if necessary by telling them which letter the word begins with. Do a few more examples and then let them try the activity by themselves.

Answers: a) train, b) ambulance, c) bicycle, d) motorbike, e) station

More ideas: Give the learners other groups of words from pages in the dictionary. Mix up the letters and then ask them to put the words in alphabetical order. Choose some words that begin with the same letter. Learners can also jumble up words for each other.

7. More spelling pairs (5–10 minutes)
You could time the pairs and see who finishes first with all the correct answers, to make this into a game.

Answers: a) zero, b) seven, c) twelve, d) fifteen, e) forty, f) third, g) fourth, h) ninth

More ideas: Arrange spelling games between groups of learners. They can each choose words from the dictionary to ask other groups. This will provide practice with pronouncing words correctly as well.

8. Opposites pairs (10 minutes)
Read and discuss all the opposites on these pages first and talk about the pictures before the learners attempt these questions.

Answers: a) short, b) hot, c) same, d) full, e) new

More ideas: Learners write or compile their own puzzles and riddles, based on pages in this dictionary.

9. Write your own story pairs (30–60 minutes)
Some learners may need quite a lot of preparation before they will be able to write this story. We suggest you read the story to the learners again. Then ask a few learners to recount the story. Then, look at the words and sentences on the page again. Write down any other words that the learners suggest. Read the beginning of the story given in the activity. Show them where the words come from on the dictionary page. Only then should the learners try to write the story by themselves. The stories can then be edited, copied out neatly and displayed in class.

Answers: Accept any reasonable stories.

More ideas: Learners can tell each other the stories about the other picture pages in the dictionary. They can then also choose another page and write the story about that page.

10. How do you say these words? pairs (5 minutes)
Make sure the learners distinguish the sounds correctly. Practise together in class, in case there are learners who are shy about their own pronunciation.
More ideas: Ask them if they know any other tongue twisters. Write them on the board and have fun saying these aloud.

11. Finding words in another language pairs (15 minutes)
Help the learners to find and use the index. This will help them to find the words more quickly. They can also try to work out on which picture page they could find the words.

Answers: a) street, b) beach, c) stove, d) race, e) cloudy f) What's your name? g) Here is the bathroom. h) Where is the shopping mall?

More ideas: Give the learners words and short sentences to translate, either orally or as a written activity. Try to vary the sentences a little so that they are not exactly the same as the model sentences given in the dictionary. They should change the verbs and nouns and adjectives in the sentences. For example: *I want to swim.* → *I want to make a cake. He is hungry.* → *She is thirsty.*

Indeks in Afrikaans

Index in English